BEI GRIN MACHT SICH IHR WISSEN BEZAHLT

- Wir veröffentlichen Ihre Hausarbeit,
  Bachelor- und Masterarbeit

- Ihr eigenes eBook und Buch -
  weltweit in allen wichtigen Shops

- Verdienen Sie an jedem Verkauf

Jetzt bei www.GRIN.com hochladen
und kostenlos publizieren

Vom Möglichkeitskalkül zur Fuzzy Logik. Modallogik

Dr. Aaron Fellbaum

Bibliografische Information der Deutschen Nationalbibliothek:

Die Deutsche Nationalbibliothek verzeichnet diese Publikation in der Deutschen Nationalbibliografie; detaillierte bibliografische Daten sind im Internet über http://dnb.d-nb.de abrufbar.

ISBN: 9783346892973
Dieses Buch ist auch als E-Book erhältlich.

Druck und Bindung: Books on Demand GmbH, Norderstedt Germany
Gedruckt auf säurefreiem Papier aus verantwortungsvollen Quellen

Das vorliegende Werk wurde sorgfältig erarbeitet. Dennoch übernehmen Autoren und Verlag für die Richtigkeit von Angaben, Hinweisen, Links und Ratschlägen sowie eventuelle Druckfehler keine Haftung.

Das Buch bei GRIN: https://www.grin.com/document/1364371

Vom Möglichkeitskalkül zur Fuzzy Logik.

Dr. phil. Aaron Fellbaum, College Scholar UCC (NUI),

Leiter des Arbeitskreises Modallogik an der AAU.

Forschungsarbeit an der UB, Alpen-Adria-Universität, Klagenfurt, mit Erlaubnis des Rektorats der AAU, 2023. Mit Unterstützung des Sir Karl-Raimund-Popper Archivs, Klagenfurt, und des Landes Steiermark.

Zusammenfassung:

Fuzzy Logik hat eine Geschichte, die mit dem Stellenwert des Möglichkeitsbegriffs in der Logik (und den Entwicklungen seit Jan Łukasiewicz) verknüpft ist. Führende Technologieunternehmen in der Navigation befürworten Fuzzy Logik Techniken, da sie nicht plötzliche Übergänge, sondern fließende Übergänge kennt, ähnlich der menschlichen Wahrnehmung.

Fuzzy Logic has a history which is connected to the development of the concept of possibility in modal logic (since Jan Łukasiewicz). Leading technology firms in the area of navigation advocate Fuzzy Logic techniques because it works with continuous steps in change, similar to the human perception.

(A)

Die Einführung des Möglichkeitsbegriffs als rechenbarem (logisch quantifizierbarem) Begriff:

Die Errungenschaften des Logikers Jan Łukasiewicz: Die Einführung der dreiwertigen Logik am Anfang des 20. Jahrhunderts.

„0" und „1" sind Wahrheitswerte einer zweiwertigen Logik [die also nur „0" (also: „Falsch") und „1" (also: „Wahr") als mögliche Wahrheitswerte kennt], die jedoch nicht ausreichend sind, um mögliches Sein (d.h. den Sachverhalt: „Es ist nur möglich, dass ...") zu beschreiben. Durch den Satz vom Widerspruch (d.h.: dass nicht etwas und sein Gegenteil der Fall sein kann) und durch den Satz vom ausgeschlossenen Dritten (d.h.: dass nur ohne Übergänge etwas der Fall ist oder eben nicht der Fall ist, also entweder **A** oder **Nicht-A** der Fall ist [also kein „**Vielleicht A**" möglich ist]) hatte es sich bis ins frühe 20. Jahrhundert jedoch nahegelegt, dass es in der Logik mit den Wahrheitswerten „0" und „1" [bzw. Wahr (= „1") und Falsch (= „0")] sein Bewenden finden kann.

Um kompliziertere Schaltungen leichter einführen zu können, und auch um in der logischen Analyse eine bessere Abbildung der empirischen Wirklichkeit durchführen zu können, lag es Anfang des 20. Jahrhunderts nahe, eine zumindest dreiwertige

Logik zu verwenden, die also mit dem Möglichkeitsbegriff, dem Möglichsein, einen zusätzlichen Wert zwischen „0" und „1" (nennen wir, mit Jan Łukasiewicz, den neuen Wahrheitswert „½") einführt.

Łukasiewicz ging, wie man ganz natürlich tut, davon aus, dass Möglichsein eben zwei Seiten hat: Wenn etwas möglich ist, dann ist auch seine Negation möglich. Anders ausgedrückt: Möglichsein ist ein Wert, der nicht ganz „1" ist (also nicht ganz den Wert „Wahrsein" hat) und andererseits eben zugleich ein Wert, der nicht ganz „0" ist (also nicht ganz den Wert „Falschsein" hat).

Das führt zu einem Paradox, einem scheinbaren Widerspruch, in der (klassischen) zweiwertigen Logik:

Wenn nämlich das Möglichsein (formalisiert ausgedrückt

„◊ p") und das Unmöglichsein (formalisiert ausgedrückt

„◊~p") von dem Sachverhalt **„dass p gegeben ist"** (◊ = logischer Möglichkeitsoperator) als Äquivalenz formalisiert ist, dann ergibt sich daraus ein Paradox:

(1)   ◊p = ◊~p

Daraus folgt, wenn man, wie Łukasiewicz, und wie dem allgemeinen Verstand sehr einleuchtend ist,

◊p = p

als Axiom annimmt [also annimmt, dass (ganz deterministisch gedacht) das „**Möglichsein von p**" auch ein „**Wahrsein von p**" ist, also einfach dem Wert „1" oder „Wahr" zugeschlagen wird]:

(2) p = ~p

[(2) widerspricht jedoch dem allgemein anerkannten logischen Gesetz des Widerspruchs, dass nämlich etwas entweder wahr oder falsch ist, aber eben nicht beides.]

Mit dieser Erkenntnis über die Problematik des Möglichkeitsbegriffs gilt es nun einen Weg zu finden, wie

p = ~p wahr sein kann. Es müsste also ein Weg gefunden werden, dass ◊ **p** (d.h. das „Möglichsein von p") wahr ist und dabei **p** selbst weder wahr noch falsch sein muss. Das ginge nur, wenn man eine dritte logische Bewertungsmöglichkeit erlaubt, die also neben „**p = 0**" und „**p = 1**" steht.

Somit war das oben angeführte Paradoxon der zweiwertigen Logik dadurch gelöst, dass man eine dreiwertige Logik statt der zweiwertigen einführte, also eine Logik einführte, die nun dem Möglichsein ein eigenes Sein verleihen musste, und, da es zwischen „0" und „1" gelegen ist, zunächst, und sehr einleuchtend, einfach den Zahlenwert „½" erhielt. Denn ($\Diamond$p = $\Diamond$ ~p) entspricht wieder der Einsicht über das Wesen der Möglichkeit und der Einsicht, dass ein halbvolles Glas eben auch ein halbleeres Glas ist, aber das eben natürlich nur dann, wenn es so etwas wie den Sachverhalt „halbvolles Glas", also: „das Möglichsein von etwas", wirklich gibt.

Neben dreiwertiger Logik werden noch weitere Optionen erwogen: Łukasiewicz schreibt über die Möglichkeit einer vielwertigen Logik 1930 als vielversprechendem Projekt:

„Mir war von vornherein klar, dass unter all den vielwertigen nur zwei Systeme eine philosophische Bedeutung für sich beanspruchen können: das dreiwertige und das unendlichwertige System. Denn, wenn andere Werte als "0" und "1" als "das Mögliche" interpretiert werden, dann können nur zwei Fälle vernünftigerweise unterschieden werden: Entweder man geht davon aus, dass es keine Variationen in den Graden der Möglichkeit gibt und gelangt folglich zum dreiwertigen System; oder man nimmt das Gegenteil an, in welchem Fall es am natürlichsten wäre anzunehmen, wie in der Wahrscheinlichkeitstheorie, dass es unendlich viele Möglichkeitsgrade gibt, die zum unendlichwertigen aussagenlogischen Kalkül führen. Ich glaube, dass das letztere System allen anderen vorzuziehen ist. Leider wurde dieses System noch nicht ausreichend untersucht; insbesondere die Relationen des unendlichwertigen Systems zur Wahrscheinlichkeitsrechnung warten auf weitere Untersuchungen." [Lukasiewicz, Jan: *Selected Works* (*Ausgewählt Werke*), Hrsg. L. Borkowski, 1970 (*SW*, 173), meine Übersetzung, A.F., (Quelle des Originals: *https://plato.stanford.edu/entries/lukasiewicz/* (*Stanford Encyclopedia of Philosophy*)].

Wie sich jedoch herausstellt, ist der Wert (oder: die Wahrheitswertbelegung) „½" zwar der dritte Wert zwischen „0" und „1", doch ist auch das oftmals nicht ausreichend, um Mengen, bei denen es sich um Wahrscheinlichkeiten handelt, angemessen zu klassifizieren.

Der Fehler war eben, dass „◊p" in jener Zeit zunächst nur bestimmt wurde als ein etwas „p", das dadurch näher bestimmt ist, dass lediglich eine nähere Aussage über „p" damit gemeint ist: „p is self-consistent" oder „p does not imply its own negation" (Lewis & Langford, Cambridge UP, 1932, 153; 160).

Daraus folgt nämlich, dass „~◊p" auch eine Aussage über „p" ist, nämlich eine Aussage über logische Implikation, die an eine **Ungültigkeitserklärung des Satzes vom Widerspruch** grenzt. „~◊p" heißt, (nach Lewis & Langford, Cambridge 1932), also eine Zusatzinformation zum nicht-modalen Denken enthaltend, dass seine eigene Negation nicht gegeben, aber **deduzierbar** ist. **Deduzierbarkeit** eines Widerspruchs ist aber nicht der Widerspruch selbst. Also geht modales Denken über nichtmodales in seinen Denkräumen hinaus, aussagelogische Denkmuster verkürzend. Es ist ausreichend von deduzierbarer Negation zu sprechen, statt von tatsächlicher. Und tatsächliche Negation kann damit auch nicht gemeint sein.

„p is impossible" (~◊p) ist also an und für sich nicht gleichbedeutend mit „es ist nicht der Fall, dass p", d.h. „~p". Intuitiv ist „p is impossible" und „not p" jedoch sehr ähnlich, wenn nicht gar, wie scheinbar, dasselbe.

Vergleichen wir einen Text aus Lewis und Langford, *Symbolic Logic*, Cambridge UP, 1932:

$$18 \cdot 12 \quad \sim\!\Diamond p \,.\, = \,.\, \sim\!(p \circ p) \,.\, = \,.\, p \dashv \sim\!p$$

$$[18 \cdot 1] \quad \sim\!\Diamond p \,.\, = \,.\, \sim\!(p \circ p) \,.\, = \,.\, \sim\![\sim\!(p \dashv \sim\!p)]$$

The modal proposition "p is impossible" means "p is not self-consistent" or "From p, its own negation can be deduced."

Photomechanische Reproduktion aus Lewis & Langford, Cambridge UP, 1932, 160.

(„○"   bedeutet die Konsistenz, also mögliche Wahrheit oder Konsistenz von „p" mit „q". [~(p ○ p)] heißt also nur, dass „p" nicht mit sich selbst konsistent ist.)

Modale Logik ist schon in der Terminologie ganz eigen. Wie kann man aber den Unterschied zur Aussagelogik festmachen? Anscheinend an der Interpretation von Implikation.

Nur wenn man die modalen Operatoren im Sinne von 2-wertiger Logik als **materiale Implikation** interpretiert, dann

kann es einem scheinen, dass „◊p" und „□p" beide gleich „p"
sind, und „~◊p" und „◊~p" beide gleich „~p" sind.

Warum soll es dann nicht möglich sein, also „p is self-
consistent", mit „p" gleichzusetzen? Logische (strikte)
Implikation ist keine materiale Implikation, sondern erstere
wird definiert durch Modaloperatoren:

(**p** $-_3$ **q**) = def. ~◊ (p ⌃ ~q). Die modale Sprache ist aber der

aussagelogische gar nicht vergleichbar:

Man kann die Eigentümlichkeit der logischen (strikten)
Implikation auch so ausdrücken, dass in logischer (strikter)
Implikation, „p impliziert q", die **Konsistenz** von (p ⌃ ~q) eben
bestritten wird. Es wird nicht **Falschsein** dieses Ausdrucks als
Interpretation von (p -> q) festgestellt, sondern nur die
Nichtkonsistenz festgestellt: (p $-_3$ q) heißt, dass „q"
deduzierbar ist aus „p". „~q" setzen heißt also in diesem Fall,
dass der Satz (~q $-_3$ ~p) ebenso nicht falsch ist.

$$18 \cdot 2 \quad p \, \mathrm{3} \, q \, . \, = \, : p \sim q \, . \, \mathrm{1} \, . \sim (p \sim q) \, : \, = \, : \sim (p \sim q \, . \, \mathrm{o} \, . \, p \sim q)$$

Photomechanische Reproduktion aus Lewis & Langford, Cambridge
UP, 1932, 162.

Logische Implikation kann man tatsächlich mit der materialen
Implikation an und für sich kaum erfassen (da der Sinn darüber

hinausgeht), doch sind die Wahrheitswerte der Äquivalenz bei logischer und materialer Implikation dieselben und die Frage taucht auf, was logische (strikte) Implikation von materialer Implikation überhaupt unterscheidet (Tabelle unten):

Logische (strikte) Implikation:

p	q	(p	-3	q)	≡	(~q	-3	~p)
W	W	W	W	W	W	F	W	F
W	F	W	F	F	W	W	F	F
F	W	F	W	W	W	F	W	W
F	F	F	W	F	W	W	W	W

(Meine Tabelle, A.F.)

Materiale Implikation:

p	q	(p	->	q)	≡	(~q	->	~p)
W	W	W	W	W	W	F	W	F
W	F	W	F	F	W	W	F	F
F	W	F	W	W	W	F	W	W
F	F	F	W	F	W	W	W	W

(Meine Tabelle, A.F.)

Diese Äquivalenz ist zwar noch wahr nach den Wahrheitswerten der **materialen Implikation**. Logische Möglichkeit ist eben darin zu suchen, **dass etwas möglich ist, wenn es aussagelogisch wahr ist**:

$$18 \cdot 4 \quad p \dashv \Diamond p$$

Photomechanische Reproduktion aus Lewis & Langford, Cambridge UP, 1932, 163.

Möglichsein ist konsistent, wenn Gegebensein (also: Wahrsein als Faktum) der Fall ist.

Möglichkeit wird aber definiert durch die Wahrheit der Implikationswahrheitswerte (siehe oben). Das, was material impliziert wahr ist, ist logisch möglich. Intuition: Der Möglichkeitsbegriff fasst das für die Logik genau, was material wahr ist.

$$18 \cdot 3 \quad \Diamond(p\,q) \,.\, = \,:\, p\,q\,.\,\circ\,.\,p\,q\,:\, = \,.\,p\circ q\,.\, = \,.\sim(p \dashv \sim q)$$

Photomechanische Reproduktion aus Lewis & Langford, Cambridge UP, 1932, 162.

Wenn Möglichkeit eigentlich mit bloßem Wahrsein und Falschsein nicht gänzlich erfasst wird, dann stellt sich die Frage, wie ich das „$\Diamond$p" ausdrücken kann, wenn es nicht auf „p" reduzierbar sein soll.

Nun ist es so, dass Lewis und Langford (Cambridge, 1932) meinten, dass **logische (strikte) Implikation** sich doch anders verhält als **materiale Implikation.** Den Unterschied meinten sie ganz klar zum Ausdruck bringen zu können:

Wenn

    (1) **(p^q) -> r**

    und

    (2) **p wahr ist**,

    dann ist

    q->r

auch wahr. (Dies da: **[(p^q) -> r] $\equiv$ [p -> (q -> r)]**). In logischer (strikter) Implikation jedoch gilt das nicht immer, und es kann sein, dass: $\sim$**{[(p^q) $-_3$ r] $\equiv$ [p $-_3$ (q $-_3$ r)] }** der Fall ist.

Das hängt davon ab, ob es sich bei der Prämisse „p" um kontingente oder apriorische Wahrheiten handelt:

> „A strict implication is equivalent to material implication which holds of necessary , or by purely logical analysis."
> Lewis & Langford, Cambridge UP, 1932, 165.

Lewis und Langford verbinden die spezifisch logische (strikte) Implikation sinnvollerweise mit der Analytizität der Wahrheit der Prämissen der Implikation: Transitivität [Wenn (a -> b -> c), dann gilt (a -> c)] kann bei explizit logischer Implikation nur erhalten bleiben, wenn es sich bei „b" um analytische Wahrheiten handelt:

> The two premises "Socrates is a man" and "All men are mortal" together imply "Socrates is mortal." But does the single premise "Socrates is a man" imply "Socrates is mortal"? If the omitted premise "All men are mortal" is necessarily true (e.g., if 'immortal man' is a contradiction in terms), it does: but if this omitted premise is merely a contingent truth, it does not.

Photomechanische Reproduktion aus Lewis & Langford, Cambridge UP, 1932, 165.

Bei Prämissen, die ich analytisch weiß, also apriori ohne kontingente Fakten weiß, gilt uneingeschränkt **[(p^q) $-_3$ r]** ≡ **[p $-_3$ (q $-_3$ r)]**, bzw. **q $-_3$ r**, [gegeben **(p^q)** $-_3$ **r**, und gegeben die Wahrheit von p], ansonsten nicht.

Man kam letztlich auf Möglichkeit (= Möglichsein) als einem eigenen Wert: Über die Quantifizierbarkeit des Möglichen als Wahrheitswert „½", statt „0" oder „1", stand auf einmal die Frage im Raum, ob man zur besseren Abbildung der Wirklichkeit nicht noch mehr mögliche Bewertungsmöglichkeiten einführen möchte, also zum Beispiel eine 5-wertige Logik, die mit den Wahrheitswertbewertungsmöglichkeiten: 0, ¼, ½, ¾, 1 operiert. Drei Bewertungsmöglichkeiten davon (also: ¼, ½, ¾) sind also im Bereich des bloßen Möglichseins alleine.

(Literatur und primäre Quelle zu diesem Themenbereich, In: *Stanford Encyclopedia of Philosophy*.)

(B)

Einführung der Fuzzy Logik als
wahrnehmungsnahem Kalkül:

Fuzzy Logik baut auf der Annahme auf, dass Mengenzugehörigkeit eben prozentual ausdrückbar und errechenbar ist und es zwischen Bereichen eben fließende Übergänge gibt (wie in der menschlichen Wahrnehmung). **Bereichszugehörigkeit** wird eben durch Zahlen ausdrückbar, dadurch technisch verwendbar, und nicht mit Ja oder Nein Schaltungen nur grob zu beantworten.

Fuzzified Mengen (Ausgedrückt in Wahrscheinlichkeiten) erlauben es, exakte Kontrollwerte zu erzeugen:

Anm. der Red.: Diese Abb. wurde aus urheberrechtlichen Gründen entfernt.

Abbildung 1: Grundlegende Unterschiede zwischen Fuzzy Algebra und Boole'scher Arithmetik.

Beispiel (1):

Es gibt also Werte, die nicht mit Gewissheit, sondern mit einer Wahrscheinlichkeit von P (0.6) einer Menge zugehören. Dann muss es jedoch auch so sein, dass die Werte mit einer Wahrscheinlichkeit von P (0.4) einer anderen Menge zugehören.

Anm. der Red.: Diese Abb. wurde aus urheberrechtlichen Gründen entfernt.

Abbildung 2: Darstellung von Fuzzy Mengen und die „Defuzzifizierung".

Am eingezeichneten Punkt (Wahrscheinlichkeit in schwarzer Linie) am Punkt (0.3) ist die Wahrscheinlichkeit (schwarz) 0.4 und die Wahrscheinlichkeit (andere Wahrscheinlichkeit in roter Linie) bei Punkt (0.3) ist 0.6. Die „Fuzzified" Wahrscheinlichkeit ist P **[(Schwarz) 0.4; (Rot) 0.6]**. Fuzzy Wahrscheinlichkeit bewegt sich hier zwischen 0.4 und 0.6.

Anm. der Red.: Diese Abb. wurde aus urheberrechtlichen Gründen entfernt.

Abbildung 3-4: Darstellung von Fuzzy Mengen und die „Defuzzifizierung".

Inferenzregeln:

WENN ... DANN ... :

WENN ... DANN ... :

WENN ... die Geschwindigkeit gering ist (schwarze Kurve), DANN ... ist das Risiko gering.

WENN ... die Geschwindigkeit höher ist (rote Kurve), DANN ... ist das Risiko höher.

„Defuzzification" des gefundenen Gesamtbereichs:

(Vgl. das Video zu „Defuzzification Methods" on https://www.bing.com/videos/):

Rechteck = Centre value

$$Z^* = \frac{\sum \left(\mu_A{}_{(z)}\right) \times \boxed{z}}{\sum \mu_A{}_{(z)}}$$

Kreis = Membership value

Abbildung 5 (mathematische Formel): Vgl. Video zu „Defuzzification Methods".

In Zahlen:

$$\frac{(0.6 \times 0{,}15) + (0.4 \times 1)}{0.6 + 0.4}$$

$$= 0.49 / 1 = 0.49$$

„Defuzzification" der Mengen (Ausgedrückt in Prozent der Zugehörigkeit zu einer Menge): **Weighted Average Method**: „Defuzzified" value der zwei Fuzzy Mengen in durch a und b dargestellten Centre Werten (d.h.: a; b) ist die Wahrscheinlichkeit von P durch diesen errechneten Punkt (Centre Wert), also ablesbare Wahrscheinlichkeit ist nicht fuzzy (0.4-0.6), sondern „defuzzified" in dem Intervall a-b, P (0.49), beide betroffenen Mengen und deren Wertigkeit ins Kalkül miteinbeziehend, ganz exakt.

Das Risiko ist also bei angegebenem Wert P (0.49) (weder genau „Gering", noch genau „Höher").

Beispiel (2):

Abbildung 6: Darstellung des Verhältnisses zwischen Mengen in der Fuzzy Logik.

„Fuzzifikation":

Wahrscheinlichkeit, dass Bremsdruck 0.4 bar ist **P (blau 0.2)**, gleichzeitig ist bei selbem Bremsdruck (0.4 bar) **P (braun 0.8)**.

Die Wahrscheinlichkeit bewegt sich zwischen 0.2 und 0.8.

Inferenzregeln:

WENN ... DANN ... :

WENN ... DANN ... :

WENN ... Druck sehr schwach oder schwach ... , DANN ... ist das Risiko (d. Unfalls) groß.

WENN ... Druck mittel oder stark ... , DANN ... ist das Risiko klein.

Ziel ist es zu ermitteln, wie groß das Risiko (eines Unfalls) bei Bremsdruck von 0.4 bar ist.

„Defuzzification" (Weighted Average Method):

„Defuzzification" des gefundenen Gesamtbereichs:

Rechteck = Centre value

Kreis = Membership value

$$Z^* = \frac{\sum \left(\mu_{A(z)}\right) \times \boxed{z}}{\sum \mu_A(z)}$$

Abbildung 7 (mathematische Formel): Vgl. Video zu „Defuzzification Methods".

In Zahlen:

$$\frac{(0.2 \times a) + (0.8 \times b)}{0.2 + 0.8}$$

$$\frac{(0.2 \times 0.25) + (0.8 \times 0.5)}{0.2 + 0.8}$$

$$= 0.45$$

Das Risiko (eines Unfalls) ist also kleiner, da der Druck höher ist, d.h. 0.4 bar.

Anm. der Red.: Diese Abb. wurde aus urheberrechtlichen Gründen entfernt.

Abbildung 8-10: Darstellung des Verhältnisses zwischen Mengen in der Fuzzy Logik.

Aufgeteilt in zwei Fuzzy Mengen:

$$\frac{(0.2 \times a) + (0.8 \times b)}{0.2 + 0.8}$$

$$= 0.45$$

Ein exakter Wahrscheinlichkeitswert ist P (0.45).

Alternative Methoden der „Defuzzification" („Entfuzzifizierung", alternativ zu ‚Weighted Average Method'") von Beispiel 2:

(a) „Mean of Maxima Method":

Anm. der Red.: Diese Abb. wurde aus urheberrechtlichen Gründen entfernt.

Abbildung 11: Darstellung des Verhältnisses zwischen Mengen in der Fuzzy Logik.

$$z^* = \frac{a + b}{2}$$

Abbildung 12 (mathematische Formel): Vgl. Video zu „Defuzzification Methods".

$Z^* = (0.375 + 0.625) / 2 = 0.5$

P (0.5) ist der entfuzzifizierte Gesamtwert.

(b)   „Centre of Sums Method":

$$z^* = \frac{\sum_{i=1}^{n} z_i \times A_{ci}}{\sum_{i=1}^{n} A_{ci}}$$

Abbildung 13 (mathematische Formel): Vgl. Video zu „Defuzzification Methods".

Anm. der Red.: Diese Abb. wurde aus urheberrechtlichen Gründen entfernt.

Abbildung 14: Darstellung des Verhältnisses zwischen Mengen in der Fuzzy Logik.

A_1: Z (Zentrumswert der Basis) = 0.25

½ x b x h

B = Base (b1 = 0.5; b2 = 0.2)

A_1 = ½ (0.5 + 0.2) x 0.2 = 0.07

Abbildung 15: Darstellung des Verhältnisses zwischen Mengen in der Fuzzy Logik.

A_2: Z (Zentrumswert der Basis) = 0.5

$b_1 = 1$; $b_2 = 0.20$

½ ($b_1 + b_2$) x h

A_2 = ½ (1+0.20) x 0.8 = 0.6 x 0.8 = 0.48

$$\frac{z_1A_1 + z_2A_2 + z_3A_3}{A_1 + A_2 + A_3}$$

$$\frac{0.25 \times 0.07 \ + 0.5 \times 0.5}{0.07 + 0.48}$$

29

= 0.486363˙

P (0.486363˙) ist der entfuzzifizierte Gesamtwert.

(C)

Fuzzy Schaltungen sind an und für sich durchaus beliebt als Reglungsschaltungen für die Dronenkontrolle:

Für Fuzzy Logik Regelungen (also nicht punktuelle, Punkt zu Punkt Kontrolle, sondern Kontrolle von Bereich zu Bereich) wird im technologischen Bereich Werbung gemacht als bisher zu wenig beachteter Technikbereich, so z.B. ein in Alicante ansässiges Autopilot Technik Unternehmen.

„**Unlike classical control strategy, which is a point-to-point control, fuzzy control is a range-to-range control.** The inputs and outputs of the controller are the same as the classical techniques, so the input is the error in the controlled variable, and the **output is the control magnitude.**" (Meine Hervorhebung, A.F.) („Fuzzy Logic Controller: A new control technique for drones"):   https://www.embention.com/news/fuzzy-logic-controller-a-new-control-technique-for-drones/ (2021).

Fuzzy Logik Regelung funktioniert ähnlich wie die Wahrnehmung des menschlichen Organismus in der Umwelt.

Anm. der Red.: Diese Abb. wurde aus urheberrechtlichen Gründen entfernt.

Abbildung 16: Fuzzy Logik dient zur Steuerung von Dronen.

Appendix (Hauptquelle für J. Łukasiewicz):

Abbildung 17: Ausschnitt (Internetquelle) aus dem Beitrag über Jan Łukasiewicz (1.2014): *Stanford Encyclopedia of Philosophy* (Eintrag: „Jan Łukasiewicz"):

5. Many-Valued Logic

5.1 Possibility and the Third Value

Łukasiewicz's most celebrated achievement was his development of many-valued logics. This revolutionary development came in the context of discussing modality, in particular possibility. To modern logicians, used to the idea of modal logic being grafted onto classical bivalent logic, this may seem odd. But let us consider how Łukasiewicz arrived at the idea. If p be any proposition, let Lp notate that it is necessary that p and Mp that it is possible that p. The two modal operators are connected by the usual equivalence ENLpMNp. Everyone accepts the implications CLpp and CpMp. Łukasiewicz supposes one accepts also the converse implications CpLp and CMpp, as one would from a deterministic point of view. That gives the equivalences EpLp and EpMp, which effectively collapse modal distinctions. Now add in the idea that possibility is two-sided: if something is possible, then so is its negation: EMpMNp. From these it immediately follows that EpNp, and this is paradoxical in two-valued logic. The way out, as Łukasiewicz portrays it, is to uncollapse the modal distinctions, not by rejecting any of the principles above but by finding a case where EpNp is *true*. We entertain the idea of the proposition Mp being true when p is neither true nor false. In addition to the truth-values **true** (1) and **false** (0), allow then a third value, **possible**, which we write '1/2', so that when p is neither true nor false, it is possible, and so is its negation Np, for if Np were true, p would be false, and vice versa. If Epq is true when p and q have the same truth-value, then when p is possible (we write '|p|' for the truth-value of p, so |p|=1/2) we have

|EpNp|=|E ½ ½ | =1

This is, with minor changes, the way in which Łukasiewicz introduces the third value in his first published paper on the subject, which bears the title "On the Concept of Possibility". This short paper is based on a talk given on 5 June 1920 in Lwów. Two weeks later a second talk in the same place was more transparently titled "On Three-Valued Logic". In this, Łukasiewicz sets out principles governing implication and equivalence involving the third value. These in effect determine the truth-tables[2] for these connectives:

C= Conditional   E=Aequivalence

C	1	½	0
1	1	½	0
½	1	1	½
0	1	1	1

E	1	½	0
1	1	½	0
½	½	1	½
0	0	½	1

Together with the assumed definitions of negation, conjunction and disjunction as, respectively

Np=Cp0
Apq=CCpqq
Kpq=NANpNq

this yields truth-tables for these connectives as

N	
1	0
½	½
0	1

A	1	½	0
1	1	1	1
½	1	½	½
0	1	½	0

K	1	½	0
1	1	½	0
½	½	½	0
0	0	0	0

(N=Negation; A= Konjunktion; K = Disjunktion, A.F.)

Łukasiewicz proudly declares "that three-valued logic has, above all, theoretical significance as the first attempt to create a non-Aristotelian logic" (*PL*, 18; *SW*, 88). What its practical significance is, he thinks awaits to be seen, and for this we need "to compare with experience the consequences of the indeterministic view which is the metaphysical basis of the new logic" (ibid.). (…)

Literaturverzeichnis:

(Abbildungen 5; 7; 12; 13:)
https://www.bing.com/videos/search?q=Methods+of+Defuzzif
ication&&view=detail&mid=D41D4E14AEEBC08A59BED4
1D4E14AEEBC08A59BE&&FORM=VRDGAR&ru=%2Fvid
eos%2Fsearch%3Fq%3DMethods%2Bof%2BDefuzzification
%26FORM%3DHDRSC4%26setmkt%3Dde-at

(Abbildungen 2-4:)

https://ch.elv.com/gleitende-genauigkeit-durch-fuzzy-logik-
teil-24-202723

(Abbildung 1:)

Fuzzy Logic Boolean Logic steemit.com - Bing images

Lewis, C.I., Langford, C. H., *Symbolic Logic*, Cambridge UP,
1932.

Łukasiewicz, J., *Selected Works* (*Ausgewählt Werke*), Hrsg. L.
Borkowski, 1970.

(Abbildung 16:)

https://www.researchgate.net/figure/Control-scheme-Three-Fuzzy-controllers-are-constructed-to-control-the-quadcopters-roll_fig12_308948450

(Abbildungen 6; 8-11; 14; 15:)

https://www.slideserve.com/frayne/fuzzy-logik

Abbildungsverzeichnis:

Abbildung 1: Grundlegende Unterschiede zwischen Fuzzy Arithmetik und Boole'scher Arithmetik (2017):

Fuzzy Logic Boolean Logic steemit.com - Bing images

Abbildungen 2-4: Darstellung von Fuzzy Mengen und die „Defuzzifizierung" (1995). In Anlehnung an:

https://ch.elv.com/gleitende-genauigkeit-durch-fuzzy-logik-teil-24-202723

Abbildungen 5; 7; 12; 13:

Vgl. Video zu „Methods of Defuzzification" (2022):

https://www.bing.com/videos/search?q=Methods+of+Defuzzif ication&&view=detail&mid=D41D4E14AEEBC08A59BED4 1D4E14AEEBC08A59BE&&FORM=VRDGAR&ru=%2Fvid eos%2Fsearch%3Fq%3DMethods%2Bof%2BDefuzzification %26FORM%3DHDRSC4%26setmkt%3Dde-at

Abbildungen 6; 8-11; 14; 15: Darstellung des Verhältnisses zwischen Mengen in der Fuzzy Logik (2014). In Anlehnung an:

https://www.slideserve.com/frayne/fuzzy-logik

Abbildung 16: Fuzzy Logik dient zur Steuerung von Dronen (2015):

https://www.researchgate.net/figure/Control-scheme-Three-Fuzzy-controllers-are-constructed-to-control-the-quadcopters-roll_fig12_308948450

Abbildung 17: Ausschnitt (Internetquelle) aus dem Beitrag über Jan Łukasiewicz (1.2014):

https://plato.stanford.edu/entries/lukasiewicz/